アスリート論語塾

安岡定子　著

はじめに

今までに何冊かの『論語』に関する本を書きました。それらはそれぞれに対象が異なります。お子さん向けの『論語』、十代の学生さん向け、子育てをしている世代向け、経営者や企業のリーダー向け、お子さんやお孫さんに『論語』の言葉を伝えたいと思っていらっしゃる方々向け。対象者が違っても、実は取り上げる言葉はほぼ同じで、伝えたいことの本質も変わりません。それは孔子の言葉が原理・原則に徹しているからできることなのです。

本書は対象をアスリートに特化しました。日々の厳しい鍛錬、結果を出さなければならない重圧、努力が結果に結びつかなかった時の挫折感、人間関係等、迷いや悩みの多い人たちにこそ、『論語』の言葉に触れてほしいと思います。

『論語』は、二千五百年前の春秋時代に、中国の魯の国に生まれた大思想家・学者・教育者である孔子の言行録です。孔子はよき国造りには、よき人材を育てることこそが重要であると考えました。

『論語』は古来、日本人の傍らにあり、長く愛されてきた書物です。でもその一方で古臭い、堅苦しい、難しいというような、あまりよくない印象を持っている方も多いようです。

では二千五百年前の言葉がなぜ現代にまで伝わっているのでしょう。それは、孔子が一貫して、人としていかにあるべきかを説き、その言葉に共鳴し、あるいは感化された人が、現代に至るまでたくさんいたからです。孔子は人にとって大事なことは、仁―思いやり―であると言い続けました。仁は誠実さとも言えるでしょう。

その立場にふさわしい実力や能力があるだけでは充分ではありません。よき仲間がいるか、信頼されているか、ぶれない拠り所を持っているのか。数字では測れない人間力の基になるものが仁なのです。

私たちは、困難なことにぶつかった時、苦境に立たされた時、それらを解決し、その場から脱する方法を探します。一つの事案を解決するために、一つの答えを探します。孔子の言葉は、一つ一つの問題には具体的に答えてくれないかもしれませんが、物事の本質を教えてくれます。つまり応用が利くのです。普遍的と言われる由縁です。誰の人生の、どの場面を切り取っても当てはまる原理・原則があるからです。

『論語』の言葉は、即効性がなくても、一生ものです。自分の置かれた状況や心情によって、感じ方や響く言葉が変わります。若い時に好んだものと、歳月を経て、経験を重ねてから心惹かれる言葉と、きっと違いがあるはずです。そんな変化も楽しいものです。

皆さんがご自分で心地よい距離を保ちながら、長く傍らに置いて頂いたら、嬉しく思います。

安岡 定子

目次

「子《し》曰《のたま》わく」と言う読み方は、「先生がおっしゃった」という意味になります。
孔子先生への敬意を込めた表現です。
先生以外の人の言葉は「曰《い》わく」としています。

子曰《しのたま》わく、
「故《ふる》きを温《たず》ねて新《あたら》しきを知《し》れば、
以《も》って師《し》と為《な》るべし。」

子曰、温故而知新、可以為師矣。（為政二）

孔子先生がおっしゃった。
「先人たちの教えや過去の事について謙虚に学び、
そこから新しい考え方や取り組み方を見つけられれば、
人の師となる資格がある。」

アスリート向け解説

何かを成し遂げたいと思ったら、
素直な心でまず先輩たちの知識や
技術を学んでみる。
そしてそれをこれからの
自分に活かしてみる。
謙虚な姿勢が大きな結果を
生むことになるのです。

子曰《しのたま》わく、「君子《くんし》は義《ぎ》に喩《さと》り、小人《しょうじん》は利《り》に喩《さと》る。」

子曰、君子喩於義、小人喩於利。（里仁四）

孔子先生がおっしゃった。
「君子は、道義によって物事を判断するが、小人は、利益があるかないかですべてのことを判断する。」

アスリート向け解説

誰が正しいかではなく、
常に何が正しいかを考える。
苦しいとき、迷ったときこそ道義が大切です。
人生に近道はありません。

子《し》曰《のたま》わく、
「君子《くんし》は上達《じょうたつ》し、
小人《しょうじん》は下達《かたつ》す。」

子曰、君子上達、小人下達。（憲問十四）

孔子先生がおっしゃった。
「君子は志を持ち、より高いものを目指して向上するが、
小人はその反対に程度の低いものを求めて、よくないものを得てしまう。」

志

アスリート向け解説

志を持っている人は、高い所を目指します。
目指すものがあれば必ず修養し、
それを実現していきます。
志のない人は現状を維持することさえ
できなくなります。

子曰《しのたま》わく、「歳《とし》寒《さむ》くして、然《しか》る後《のち》に松《しょう》柏《はく》の彫《しぼ》むに後《おく》るるを知《し》る。」

子曰、歳寒、然後知松柏之後彫也。（子罕九）

孔子先生がおっしゃった。

「一年中で一番寒い時になって、はじめて、松や柏（ひのきの一種）が落葉しない常緑樹であることがはっきりとわかる。

（苦しいことを乗り越えてこそ、その人の本当の力がわかる。）」

アスリート向け解説

冬になってはじめて葉を落とさない木が
あることがわかるように、
人も困難にぶつかった時にはじめて
本当の姿がわかります。
日頃の考え方や生き方が
すべて露呈してしまうのです。

子曰《しのたま》わく、

「忠信《ちゅうしん》を主《しゅ》とし、

己《おのれ》に如《し》かざる者《もの》を友《とも》とすること無《な》かれ。

過《あやまち》てば則《すなわ》ち改《あらた》むるに憚《はばか》ること勿《な》かれ。」

子曰、主忠信、毋友不如己者、過則勿憚改。（子罕九）

孔子先生がおっしゃった。

「真心と誠実さを拠り所とする。自分より劣った者を友とし、

いい気になっていてはいけない。

もし過ちがあったら、速やかに改めることに何の遠慮もいらない。」

アスリート向け解説

どんな状況でも人として誠実であることを忘れてはいけないですね。
ただ頑張るだけではなく、
共に向上できるようなよき仲間を作りましょう。
もし失敗したり、間違いに気づいたら、
面目など気にせずに、
速やかに改めましょう。

子夏曰《しかいわ》わく、
「博《ひろ》く学《まな》びて篤《あつ》く志《こころざ》し、
切《せつ》に問《と》いて近《ちか》く思《おも》う。
仁《じん》其《そ》の中《うち》に在《あ》り。」

子夏曰、博学而篤志、切問而近思。仁在其中矣。（子張十九）

子夏が言った。
「幅広く学習して、志を持ち、熱心に取り組む。
心をこめて問いかけて、それを身近なこととして考えることができれば、
仁を身につけることができるのだ。」

アスリート向け解説

知識だけではなく、幅広く深く学ぶ、志を持つ、
わからないことは、けっしてそのままにしない。
そして身につけたことは必ず実践する。
このような生き方が、
あなたの心を豊かにしてくれるのです。
すべてはここから始まるのです。

子曰《しのたま》わく、
「君子《くんし》は泰《ゆた》かにして驕《おご》らず。
小人《しょうじん》は驕《おご》りて泰《ゆた》かならず。」

子曰、君子泰而不驕。小人驕而不泰。（子路十三）

孔子先生がおっしゃった。
「君子は、ゆったりと落ちついていて、おごり高ぶらないが、
小人は、おごり高ぶっていて、ゆったりとした落ちつきがない。」

アスリート向け解説

ゆったりと落ち着きがあり、
おごり高ぶらない人物は魅力的です。
どうしてそのようにできるのでしょう。
それは拠り所となる考え方を持っているので、
心がぶれないからです。
ぜひ見習いたいですね。

子曰《しのたま》わく、「過《あやま》ちて改《あらた》めざる、是《こ》れを過《あやま》ちと謂《い》う。」

子曰、過而不改、是謂過矣。(衛霊公十五)

孔子先生がおっしゃった。
「どんな人にも過ちはあるものです。
その過ちをそのままにして改めないことが、本当の過ちというものだ。」

アスリート向け解説

誰にでも失敗はあります。
しかし失敗をそのままにしてはいけません。
失敗の原因を分析することが大事です。
それが次の挑戦に生かされるのです。

子《し》曰《のたま》わく、
「君《くん》子《し》は周《しゅう》して比《ひ》せず、
小《しょう》人《じん》は比《ひ》して周《しゅう》せず。」

子曰、君子周而不比、小人比而不周。（為政二）

孔子先生がおっしゃった。
「君子は、義によって誰とでも広く公平につき合う。
小人は、それと反対に、利害や感情によって、
一部の人とかたよったつき合い方をする。」

アスリート向け解説

人とのつき合いは、道義をふまえて、
広く公平であることが大事です。
好き嫌いや損得でつき合っていませんか。
それでは人から信頼されません。

子曰《しのたま》わく、
「学《まな》んで時《とき》に之《これ》を習《なら》う、亦《また》説《よろこ》ばしからずや。
朋《とも》有《あ》り、遠方《えんぽう》より来《きた》る、亦《また》楽《たの》しからずや。
人《ひと》知《し》らずして慍《いきどお》らず、亦《また》君子《くんし》ならずや。」

子曰、学而時習之、不亦説乎。有朋、自遠方来、
不亦楽乎。人不知而不慍、不亦君子乎。（学而一）

孔子先生がおっしゃった。
「学んだことを復習し続けていると、
いつの間にか理解が深まる。なんと嬉しいことではないか。
このように学んでいると同じ志のものが集まってきて、語り合える。
なんと楽しいことではないか。世の中の人が自分の実力を認めてくれなくても、
不平不満に思わないのは、なんと立派であろうか。」

アスリート向け解説

学び、鍛錬し続けること、
同じ志を持った一生の友人を持つこと、
けっしてあきらめずに、
信じた道を頑張り続けること。
どんなことに取り組むときにも
この三つが大切です。

子曰《しのたま》わく、

「剛毅木訥《ごうきぼくとつ》、仁《じん》に近《ちか》し。」

子曰、剛毅木訥、近仁。（子路十三）

孔子先生がおっしゃった。
「意志が強くしっかりしていて、口べたで飾りけがない人は、仁者に近い人と言えるだろう。」

アスリート向け解説

たとえ口下手でも、強い意志を持って正しい行動ができることが大切なのです。

子《し》、子夏《しか》に謂《い》いて曰《のたま》わく、

「女《なんじ》、君子《くんし》の儒《じゅ》と為《な》れ。

小人《しょうじん》の儒《じゅ》と為《な》ること無《な》かれ。」

子、謂子夏曰、女、為君子儒。無為小人儒。（雍也六）

孔子先生が弟子の子夏に向かっておっしゃった。
「君は、（人格の立派な）君子の学者になりなさい。
（ただの物知りだけの）小人の学者にはならないように。」

アスリート向け解説

なにごとも目標を達成できればよい
というわけではありません。
実力があることはもちろんですが、
志を持ち、誠実でなければ
一流にはなれません。

子曰《しのたま》わく、「教《おし》え有《あ》りて類《るい》無《な》し。」

子曰、有教無類。（衛霊公十五）

孔子先生がおっしゃった。
「生まれながらにして人間の上中下の種類などというものはない。
人はすべて平等であり、よい教育を受ければ誰でも立派になれる。」

アスリート向け解説

人は生まれた時にはほとんど差はありません。どんな素晴らしい人物に出会って、その人からどれだけよい影響を受けたかで差がつくのです。人物から学ぶことも忘れてはいけません。

子曰《しのたま》わく、
「君子《くんし》は人《ひと》の美《び》を成《な》し、
人《ひと》の悪《あく》を成《な》さず。
小人《しょうじん》は是《こ》れに反《はん》す。」

子曰、君子成人之美、不成人之悪。小人反是。（顔淵十二）

孔子先生がおっしゃった。
「君子は人のすぐれた点を伸ばし、
成功するように導き、その成就を願う。欠点や失敗があれば、
それ以上大きくならないように導く。
小人は、その君子と全く反対のことばかり行う。」

アスリート向け解説

まず人のよい所をほめて、伸ばしてあげる。
そして成功したときには、共に喜ぶ。
失敗したときには、そっと励ます。
競争の世界に身を置いても、
こんなふうでありたいものです。

子曰《しのたま》わく、
「之《これ》を知《し》る者《もの》は、之《これ》を好《この》む者《もの》に如《し》かず。
之《これ》を好《この》む者《もの》は、之《これ》を楽《たの》しむ者《もの》に如《し》かず。」

子曰、知之者、不如好之者。好之者、不如楽之者。（雍也六）

孔子先生がおっしゃった。
「あることを知っているだけでは、それを好きになった人には及ばない。
それを好きになった人よりは、楽しんでいる人には及ばない。」

アスリート向け解説

はじめからうまくできる人なんていません。
まずやってみる、そしてもっとうまくなりたいと思う。
だからがんばる。うまくなる。もっとがんばる。
ものごとはその繰り返しです。
いつの間にか楽しめる境地になっている。
ここまできたら最高です。

子曰《しのたま》わく、
「三人《さんにん》行《おこ》えば、必《かなら》ず我《わ》が師《し》有《あ》り。
其《その》の善《ぜん》なる者《もの》を択《えら》びて之《これ》に従《したが》い、
其《その》の善《ぜん》ならざる者《もの》にして之《これ》を改《あらた》む。」

子曰、三人行、必有我師焉。
択其善者而従之、其不善者而改之。（述而七）

孔子先生がおっしゃった。
「三人が行動すれば、その中には必ず学ぶべき師がある。
その中の善い人を選んでそれを見習い、
善くない人を見ては、わが身を反省して改めるようにする。」

アスリート向け解説

よき人物に出会ったら、そのよい所を見習う。
でも肝心なことは、よくない例を見たら、
必ず自分に重ねて反省することです。
それができるかできないかで、
差がつくのです。

子曰《しのたま》わく、「辞《じ》は達《たっ》するのみ。」

子曰、辞達而已矣。（衛霊公十五）

孔子先生がおっしゃった。
「言葉というものは、自分の意思が相手に十分に伝わることこそ大切なのだ。」

言葉と行い

アスリート向け解説

言葉は伝えるためにあります。
だからこそすぐれた言葉をたくさん身につけて、
豊かに表現できる人になりたいものです。
言葉はその人そのものを表すのです。

子曰《しのたま》わく、「道《みち》に志《こころざ》し、徳《とく》に拠《よ》り、仁《じん》に依《よ》り、芸《げい》に游《あそ》ぶ。」

子曰、志於道、拠於徳、依於仁、游於芸。（述而七）

孔子先生がおっしゃった。
「人は正しい道を身につけようと求め続け、
それによって得た徳という高い品性に基づき、
仁という人間愛に寄り添い、その上で、
豊かな教養の世界を気ままに楽しむことが大切なのです。」

志

アスリート向け解説

まず志を持つ。
そしてそれを成し遂げるためには正しい方法で。
さらにやさしさや誠実さも忘れずに。
最後は心に余裕があるかどうかで
差がつきます。

子曰《しのたま》わく、
「君子《くんし》は和《わ》して同《どう》ぜず、
小人《しょうじん》は同《どう》じて和《わ》せず。」

子曰、君子和而不同、小人同而不和。（子路十三）

孔子先生がおっしゃった。
「君子は道理に従って人と調和するが、付和雷同はしない。
小人は、私心があるので雷同しやすく、道義によって調和できない。」

アスリート向け解説

人と調和することと同調することはちがいます。
自分の意見をしっかりと持っていることが
大事です。
私利私欲によって安易に
人に同調するのは
よくないことですね。

子《し》曰《のたま》わく、
「人《ひと》の己《おのれ》を知《し》らざるを患《うれ》えず。
人《ひと》を知《し》らざるを患《うれ》う。」

子曰、不患人之不己知。患不知人也。（学而一）

孔子先生がおっしゃった。
「他人が自分の実力を認めてくれないことを嘆くことはない。
自分が他人を正しく見極められないことの方が心配だ。」

アスリート向け解説

自分が人から評価されたいという気持ちにとらわれていませんか？
それにとらわれていると、人を正しく見極めることができなくなります。
冷静に正しく人を観る目を持つことは、結局、競技にもよい結果をもたらすでしょう。

子曰《しのたま》わく、
「人《ひと》にして遠《とお》き慮《おもんぱか》り無《な》ければ、
必《かなら》ず近《ちか》き憂《うれ》い有《あ》り。」

子曰、人無遠慮、必有近憂。（衛霊公十五）

孔子先生がおっしゃった。
「もし、遠くまで見通して、深い考え方ができなければ、
必ず足元から困ったことが起こってしまうにちがいない。」

アスリート向け解説

見通しを持って行動していますか？
見通しを持てば、
今やるべきことが
見えてくるはずです。
自分の将来像を
描いてみましょう。
そこからすべてが始まるのです。

子曰《しのたま》わく、

「速《すみ》やかならんと欲《ほっ》すること毋《な》かれ、小利《しょうり》を見《み》ること毋《な》かれ。速《すみ》やかならんと欲《ほっ》すれば、則《すなわ》ち達《たっ》せず。小利《しょうり》を見《み》れ則《すなわ》ち大事《だいじ》成《な》らず。」

子曰、無欲速、無見小利。欲速、則不達。見小利則大事不成。（子路十三）

孔子先生がおっしゃった。
「急いで成績を挙げようと思ってはいけない。また目の前の小さな利益に目を奪われてもいけない。事を急げば、かえって達成されず、小さいことに捉われていると、大事業は成し遂げられない。」

アスリート向け解説

すぐに結果を出そうと焦ると、
思いがけないミスをしたり、
大きな失敗につながることもある。
目先の小さなことにとらわれていると、
遠い将来の大きな目標を見失い、
やりたかったことを
成し遂げられなくなる。
地道な努力を積むことが、
結局は大事を成し遂げるのです。

子曰《しのたま》わく、

「君子《くんし》は言《げん》に訥《とつ》にして、

行《こう》に敏《びん》ならんことを欲《ほっ》す。」

子曰、君子欲訥於言、而敏於行。（里仁四）

孔子先生がおっしゃった。

「君子は言葉はうまくなくても構わないが、

行動は敏速でありたいと願うものだ。」

アスリート向け解説

たとえ口下手でも構いません。
敏速に正しい行いができるように
努力することが肝心なのです。

子貢《しこう》問《と》いて曰《い》わく、

「一言《いちごん》にして以《も》って終身《しゅうしん》之《これ》を行《おこな》うべき者《もの》有《あ》りや。」

子《し》曰《のたま》わく、

「其《そ》れ恕《じょ》か。己《おのれ》の欲《ほっ》せざる所《ところ》、
人《ひと》に施《ほどこ》すこと勿《な》かれ。」


子貢問曰、有一言而可以終身行之者乎。

子曰、其恕乎。己所不欲、勿施於人。（衛霊公十五）

弟子の子貢が質問した。
「ひとことで、一生実行する価値のあるよい言葉はないでしょうか。」
孔子先生がおっしゃった。
「それこそ、恕（思いやりの心）というような言葉だ。
自分が人からされたくないということを、いやなことを、
人に押しつけたりしないということだ。」

アスリート向け解説

一生大切にする価値のあるただひとつの言葉。
それは「恕」です。
「恕」とは人の気持ちを自分の
気持ちと同じように大切に思うことです。
「恕」がすべてに優先するのです。

曾子《そうし》曰《い》わく、
「君子《くんし》は文《ぶん》を以《も》って友《とも》を会《かい》し、
友《とも》を以《も》って仁《じん》を輔《たす》く。」

曾子曰、君子以文会友、以友輔仁。（顔淵十二）

弟子の曾子が言った。
「君子は、文（詩書礼楽などの古典）を学ぶために友達を集める。
その志を同じくする友達のおかげで、仁徳をみがくことができたのだ。」

アスリート向け解説

心通じ合う、よき仲間と鍛錬するからこそ、
知識や技術だけではなく、
心も豊かに育つのです。
仲間は一生の宝物です。

子曰《しのたま》わく、
「徳《とく》は孤《こ》ならず、必《かなら》ず隣《となり》有《あ》り。」

子曰、徳不孤、必有隣。（里仁四）

孔子先生がおっしゃった。
「徳を身につけた人は、孤独にはならない。
よき隣人があるように共鳴してくれる人は必ず現れるものだ。」

仲間

アスリート向け解説

正しいことをしているのに、
なぜか孤独感を感じることがあるかもしれません。
でも大丈夫です！心通じる仲間は必ず現れます。
あなたの実直さは理解されるはずです。

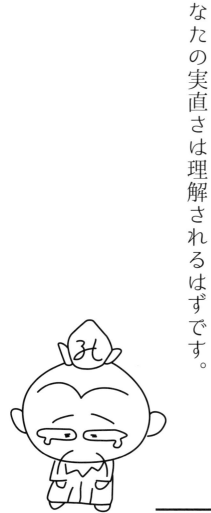

子曰《しのたま》わく、
「学《まな》びて思《おも》わざれば、則《すなわ》ち罔《くら》し。
思《おも》いて学《まな》ばざれば、則《すなわ》ち殆《あやう》し。」

子曰、学而不思、則罔。思而不学、則殆。（為政二）

孔子先生がおっしゃった。
「人から学ぶだけで、自分で考えることをしないと、
何もはっきりとはわからない。
ひとりで考えこむだけで広く学ばなければ、
狭くかたよってしまう危険がある。」

アスリート向け解説

学んだことは、自分でよく考えて実行し、
理解を深める。
反対に自分で考えたことは書物や人物から
しっかり学んで確実に身につける。
学ぶことと考えることは
どちらも同じくらい大切です。

曽子《そうし》曰《い》わく、

「吾《われ》日《ひ》に吾《わ》が身《み》を三省《さんせい》す。
人《ひと》の為《ため》に謀《はか》りて、忠《ちゅう》ならざるか。
朋友《ほうゆう》と交《まじ》わりて信《しん》ならざるか。
習《なら》わざるを伝《つた》えしか。」

曽子曰、吾日三省吾身。為人謀而不忠乎。与朋友交而不信乎。
伝不習乎。（学而一）

弟子の曽子が言った。
「私は毎日何回も自分の行いについて反省している。
人との相談相手になって、真心を尽くしていなかったか。
友だちとつき合って、うそをつかなかったか。
自分が充分に理解していないことを、
人に伝えたり教えたりしていなかっただろうか。」

アスリート向け解説

常に振り返る習慣をつけましょう。
人に対して真心を尽くしたか。
友人とはよい関係を築いているか。
自分が理解していないことを
人に教えていないか。
自ら省ることはとても大切です。

子曰《しのたま》わく、「知者《ちしゃ》は惑《まど》わず、仁者《じんしゃ》は憂《うれ》えず、勇者《ゆうしゃ》は懼《おそ》れず。」

子曰、知者不惑、仁者不憂、勇者不懼。（子罕九）

孔子先生がおっしゃった。
「知者は（判断力があるので）迷うことがなく、仁者は（広く、ゆとりのある心があるので）心配することがなく、勇者は（強い心があるので）恐れることがない。」

アスリート向け解説

知識の豊富な人は物事をよく知っているので
迷いません。
どんな状況でも思いやりの心を大切にできる人は、
心が穏やかでいられます。
正しいことを実行できる
強さのある人は
動じることがありません。

子曰《しのたま》わく、「性《せい》、相《あい》近《ちか》し。習《ならい》い、相《あい》遠《とお》し。」

子曰、性、相近也。習、相遠也。（陽貨十七）

孔子先生がおっしゃった。
「人の生まれつきというものは、だれでも似たようなもので大きな差はないのだ。
その後の習慣や学習の違いによって、その差が大きくなってしまうのだ。」

アスリート向け解説

よい習慣を身につけていますか？
たとえば気持ちよく挨拶ができること、
時間を守ること、持ち物を大事にすること。
知識や技術の修得よりも、
まずよい習慣です。

子曰《しのたま》わく、「人《ひと》能《よ》く道《みち》を弘《ひろ》む。道《みち》人《ひと》を弘《ひろ》むるに非《あら》ず。」

子曰、人能弘道。非道弘人也。（衛霊公十五）

孔子先生がおっしゃった。
「人間こそが理想の道を広めることができるのだ。道が人を広めるわけではない。」

志

アスリート向け解説

なりたい将来像は自分で描くのです。
他人が用意してくれるものではないのです。
振り返ったとき、そこにはあなたらしい
道が出来ているのです。
自分が納得のできる道を残したいですね。

おわりに

読み終えて、どのような感想を持たれたでしょう。孔子は、当たり前のことしか述べていません。誰もが理解し、あるいは納得できることばかりなのに、なぜか実践することは難しいです。実践できないからこそ、孔子の言葉が語り継がれて残ってきたのでしょう。

二千五百年前も現代も、人間の本質に違いはありません。こんなにも物質的な発展は遂げているのに、むしろに人間力は退化しているのではないかと思うことがあります。

かつて宮城県塩釜市の塩釜剣道連盟のお子さんたちと『論語』の素読をする機会がありました。一年、二年と年を重ねていくうちに、みんなの体の中に『論語』の言葉が染み込んでいきます。少年剣士の一人が「剛毅朴訥、仁に近し」を唱えてから試合に臨む、と言っていました。強くなれそうな気がするからだそうです。

山形県立山形中央高校の野球部では、朝の練習前に全員で『論語』の素読をしています。「剛毅朴訥」「温故知新」等々、毎年のチームの標語は『論語』の言葉から選んでいるそうです。

勝負に勝つために、結果を出すために、何をすべきかは、当事者が一番よくわかっているはずです。練習を休みたくなる時もあるでしょう。コツコツと継続することが苦手な人もいるでしょう。心が揺れ動くことは誰にでもあります。結局、うち勝つべき相手は自分自身なのです。

塩釜の剣道連盟の剣士たちも、山形中央高校の高校球児たちも、日々の厳しい練習をこなしていく傍らに『論語』があります。拠り所になるものを持っていることが、見えない大きな力となっていると信じたいです。スポーツから離れても人生は続いていきます。よりよい人生のために、よき人物・よき言葉との出会いは欠かせません。

本書を気軽に持ち歩いて頂けたら、とても嬉しいです。

安岡 定子

安岡 定子【著】

1960年、東京都生まれ。漢学者・安岡正篤の孫。二松学舎大学文学部中国文学科卒業。「銀座・寺子屋こども論語塾」の代表として、全国各地で28に及ぶ定例講座を受け持ち、子どもたちやその保護者に『論語』を講義して、話題を集める。小学館のドラえもんシリーズやポプラ社の「実践論語塾」など『論語』の書籍も多く刊行し、『論語』ブームの火付け役となる。企業向けの研修にも力を注ぎ、とくに新入社員研修では『論語』の章句をテキストに、社会人として人間として、いかに実りのある人生を送るかをわかりやすく解説し、好評を得ている。

アスリート論語塾　平成30年4月30日　第1刷発行

著　者:安岡定子

発行所:株式会社エクイネット
〒176-0001 東京都練馬区練馬1-20-8 日建練馬ビル2階
電話:03-6821-1966
メール:info@equinet.co.jp

販売所:株式会社 メディアパル
〒162-0813 東京都新宿区東五軒町6-21
電話:03-5261-1171

印刷所:佐伯印刷株式会社

Printed in Japan
ISBN978-4-8021-3103-2 C0075

デザイン・組版:榊原慎也
イラスト:久谷礼